Crear y reciclar

MANUALIDADES FÁCILES Y CREATIVAS PARA NIÑOS

Cristina Camarena • Meisi • Elena Ferro

B DE BLOK

Barcelona • Madrid • Bogotá • Buenos Aires • Caracas • México D.F. • Miami • Montevideo • Santiago de Chile

1.ª edición: marzo 2012

© del texto, Elena Ferro Gay, 2012
© del proyecto, Cristina Camarena, Meisi - Kireei, 2012
© de las fotografías, Meisi, 2012
© Ediciones B, S. A., 2012
   para el sello B de Blok
   Consell de Cent, 425-427 - 08009 Barcelona (España)
   www.edicionesb.com

Printed in Spain
ISBN: 978-84-939613-5-0
Depósito legal: B. 2.254-2012

Impreso por EGEDSA

índice

La filosofía de este libro

Las manualidades para niños suelen contener una fuerte carga pedagógica y didáctica. El desarrollo de la motricidad fina, la manipulación, la organización, la colaboración... estas y otras destrezas y valores suelen estar detrás de las propuestas de manualidades infantiles. Sin embargo, cuando las manualidades están orientadas a los mayores, se acostumbra a pensar más en su aspecto lúdico.

Con este libro queremos poner énfasis en el desarrollo de la sensibilidad y la creatividad infantil a través de propuestas estéticamente cuidadas pero abiertas a la iniciativa personal de cada niño. Enfocamos cada actividad desde un punto de vista lúdico, tal como haríamos con una manualidad pensada para adultos, y creemos que todo lo demás vendrá por añadidura: un niño está constantemente aprendiendo, se planifique el proceso o no. ¿Qué mejor que hacerlo de forma divertida?

Pensamos que hacer manualidades es una experiencia personal y así hay que vivirla. Por eso hemos huido de las instrucciones precisas y detalladas. No queremos fomentar la copia, ni buscamos que el adulto guíe al niño a la búsqueda de la solución perfecta sino que, simplemente, lo acompañe en su proceso de creación. No hay una única forma correcta de llevar a cabo los proyectos y por eso animamos al adulto que acompaña al niño a no imponerle su forma de ver las cosas o la reproducción fiel de lo que en el libro aparece. El

rato de concentración para descubrir cuál es nuestra idea y cómo vamos a llevarla a cabo es de gran valor; este proceso constituye el verdadero placer del trabajo manual.

Los materiales utilizados en los proyectos proceden del reciclaje, lo que creemos que añade más valor a cada manualidad porque obliga a buscar la salida a aquello que tenemos disponible en casa, poniendo el acento en la inventiva y la reutilización.

Todas las manualidades de este libro han sido proyectadas y llevadas a cabo por Elena Ferrer, licenciada en Bellas Artes, diseñadora gráfica, fotógrafa e ilustradora. Así es como Elena llegó a ver el trabajo manual desde el punto de vista de este libro:

> De pequeña yo me sentía muy atraída por los libros de manualidades, pero luego me procuraban una mezcla de amor y odio porque nunca jamás lo que yo sacaba se parecía a lo que salía en la foto. ¡Aquello era frustrante! Cuando nació mi hija mayor había, por supuesto, muchos más libros de este tipo, mucho más preciosos, y aunque recordaba aquella sensación, la quise dejar a un lado porque eran tan bonitos que me deslumbraban. Pero, igual que me pasó a mí, a mi hija también le costaba seguir las explicaciones y la cosa no funcionó, así que el juego libre con materiales fue mucho más provechoso en nuestro caso.

Años más tarde, con el boom del craft en internet, resurgió en mí, como crafter de corazón, ese impulso de hacer y probar. Casi puedo asegurar de dónde vino: de visitar montones de blogs y tener mil referencias de imágenes de trabajos terminados hechos por otras personas. Eso provocó en mí las ganas de realizar mis propios proyectos.

Es por eso que en este libro he procurado exponer ideas sencillas, totalmente abiertas, con acabados atractivos, donde mi faceta de ilustradora y fotógrafa pueda sacar partido gráfico a todos estos trabajos. Cada propuesta está aquí para ser expuesta e inspirar: creo que ésta es la mejor manera de motivar a intentarlo uno mismo.

He pretendido que los proyectos del libro sean un punto de partida para pasar un rato concentrado en un proceso que es puro placer de manipulación de materiales, de creación. No importa que al ponerse manos a la obra salgan cosas diferentes de las propuestas.

Así pues, os invitamos a disfrutar de los proyectos que os presentamos y a llevarlos más allá, a hacerlos vuestros. Junto con la inspiración hemos querido abrir la puerta a técnicas muy sencillas que quizá no conozcáis o no se os habían ocurrido, o a usar las de siempre de una manera más imaginativa. Son manualidades para niños en las que la ayuda de un adulto puede ser bienvenida aunque no siempre imprescindible.

Instrucciones

- Puedes utilizar los materiales que quieras, no hace falta que sean los mismos del libro.

- En las manualidades no hay instrucciones detalladas, solo sugerencias que puedes seguir o no.

- Las manualidades que proponemos están pensadas para que no tengas que comprar nada: casi todo son cosas que seguramente tienes ya en casa.

- Puedes cambiar los colores y la forma de las cosas para hacerlo de la manera que más te guste.

- Usa lo que has aprendido para inventar tus propias manualidades. Piensa qué te gustaría tener como adorno o juguete e intenta hacerlo.

- Si algo no te sale, no te desanimes. Cuando te equivocas, también aprendes. Los errores de hoy te ayudarán a evitar los de mañana.

Botes y cajas

Si te gustan las manualidades seguro que tienes un montón de materiales y utensilios que necesitas guardar. Por eso vamos a empezar con algunas ideas muy sencillas para almacenar tus cosas en recipientes únicos, hechos con tus propias manos.

Botes de cartón

Cuando tienes un papel bonito o un recorte que quieres guardar es una pena almacenarlo en una carpeta... ¿No es mejor que se pueda ver? Hay muchas formas de exponer fotos y recortes, pero si hacemos que forme parte de un objeto que utilizamos habitualmente, siempre lo tendremos a la vista.

Los tubos de cartón dan mucho juego, sirven para un montón de cosas. En nuestro caso, los hemos forrado con un papel origami, que es un papel japonés especial para hacer papiroflexia. No lo hemos comprado, ya lo teníamos en casa. También se puede usar un papel de regalo, un recorte de una revista, un dibujo tuyo...

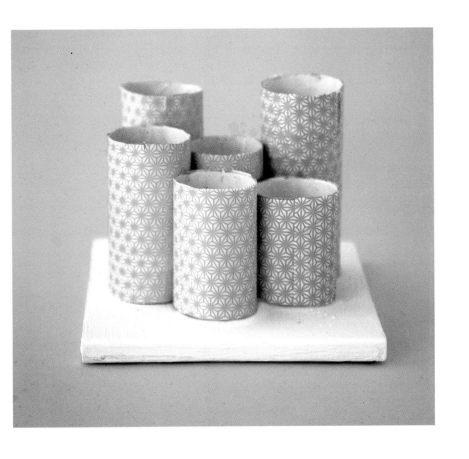

Material

Tubos de cartón

Papel decorativo

Tijeras

Pegamento de barra

Una madera o
un cartón grueso

Cola blanca

Cómo lo hemos hecho

· ·

Si el tubo es de papel de cocina, tendrás que dividirlo en varios trozos. Si al recortar no te queda perfecto, puedes repasarlo después con las tijeras.

El papel puedes pegarlo con pegamento de barra.

Los tubos no tienen fondo y pesan muy poco, de manera que para que se aguanten y no se caigan los lápices, tenemos que pegarlo a una base. Te proponemos un trozo de madera o un cartón grueso, que puedes pintar a tu gusto. Puedes pegar varios tubos y así tendrás un bosque de botes para guardar los lápices clasificados por colores.

Los tubos puedes pegarlos con cola blanca. Pega los tubos a la base y entre ellos. No importa que sobresalga un poco de cola por los bordes del tubo, al secarse desaparece. Eso sí, no debes tocarlo hasta que esté completamente seco.

· ·

Botes
de lata

Las latas son botes duraderos y resistentes, pero pueden ganar mucho en su aspecto estético. Vamos a hacerlas más bonitas con retales o ropa vieja.

Cómo lo hemos hecho

· ·

¿Se te había ocurrido alguna vez que el pegamento de barra también puede funcionar con las latas? ¡Pues sí! Es así como hemos pegado estas telas para crear unos dibujos. También se pueden hacer tiras en vertical u horizontal, estampadas combinadas con lisas, o una única tela con un bonito estampado. Si quieres personalizar el bote todavía más, se pueden recortar letras y componer un nombre.

La manga de una camiseta vieja puede ser una buena opción si es de una anchura similar a la de la lata, así solamente tienes que cortarla a la altura necesaria.

¡Advertencia!

Hemos usado latas de conserva de las que se abren tirando de una anilla. No uses latas que haya que abrir con abrelatas porque podrías cortarte con los bordes. En cualquier caso, pídele a un adulto que compruebe si la lata es segura antes de utilizarla. Si los bordes son cortantes es mejor que lleves la lata al contenedor de envases para su reciclaje.

La caja de los tesoros

Siempre nos ha gustado ir recogiendo cosas que luego nos pueden ser útiles: unas piedras, una ramita, un tapón, el final de la madeja de lana... En cualquier rincón de casa o en un paseo por el bosque es fácil encontrar toda clase de tesoros.

Teníamos claro que queríamos hacer una caja para guardarlos, pero no sabíamos cómo. Al recoger los materiales con los que habíamos trabajado en otras manualidades y juntarlos surgió la inspiración: todos los envases juntos eran una estupenda caja de tesoros porque cada envase tiene una forma diferente y se pueden guardar en él objetos de forma diferente también.

Material

Envases surtidos
de cualquier tipo

Caja contenedora

Pinturas

Papel de regalo

Tijeras

Pegamento

Cómo lo hemos hecho

Lo primero es encontrar una caja contenedora que, obviamente, debe ser la más grande. Una caja de zapatos puede ser la mejor opción. Después hay que «amueblarla», ajustando las cajitas y botes hasta que encajen. Es como hacer un puzzle, así que cuantos más envases diferentes tengas, más fácil será encontrar la combinación que te guste. No hemos pegado los envases porque así se pueden sacar junto con su contenido, cambiar y modificar a tu gusto o según tus necesidades.

La caja contenedora va forrada de papel y lleva el nombre del dueño, que en este caso se llama Martin. También puedes recortar un rectángulo en la tapa y ponerle un plástico transparente o incluso una tela mosquitera, para poder ver el contenido con la caja cerrada.

Jugamos con pintura

Pintar es el gesto más sencillo para personalizar un objeto. Solamente pintando podemos conseguir que algo viejo se convierta en algo nuevo. Además, no solamente podemos pintar sobre una superficie plana, ni utilizando únicamente el pincel. ¿Se te había ocurrido alguna vez pintar juguetes o piedras? ¿Y pintar con esponja? Vamos a ver algunos ejemplos.

Juguetes de plástico

¿Tienes algunos juguetes arrinconados que no te decides a tirar? Nos referimos a esos pequeños juguetes de plástico que hay en todas las casas: animales, figuras de superhéroes o de personajes de la tele, muñequitos... Te proponemos un cambio de look para darles otra oportunidad. Solamente hace falta pincel, pintura y mucha imaginación.

Material

Juguetes de plástico

Témperas o acrílicos
o pintura al látex

Pinceles

Cómo lo hemos hecho

No hace falta ser realista en un proyecto como este. Si quieres tener un elefante a cuadros, este es el momento.

Y si te apetece seguir personalizando tus juguetes viejos, no hay nada imposible: una peluca hecha con lanas, una capa con un trocito de tela... Seguro que tú tienes muchas más ideas.

Piedras

Cuando paseamos por el campo, por la orilla de un río o por la playa, a veces vemos piedras de formas y colores bonitos. Nos gusta recogerlas y coleccionarlas y, como vais a ver ahora, decorarlas a nuestro gusto. Sirven para adornar, para jugar (a parejas, a memory...), para formar palabras, como pisapapeles o, si es una piedra algo más grande, como sujetapuertas.

Cómo lo hemos hecho

Las piedras son unos buenos soportes para crear una especie de cromos en 3D, solamente hay que pegarles dibujos bonitos. Los que hemos usado son del libro *Palabras en Acción* de Taro Gomi, pero podríamos haber usado cualquier dibujo que nos guste. Para darle un acabado brillante al papel, como barnizado, solo tienes que pasar por encima un pincel con cola blanca. Al principio parece que lo has estropeado pero muy pronto brilla y queda muy bonito.

Y si te apetece simplemente pintarlas, la témpera o la pintura de látex y las piedras son buenas compañeras.

Material

Piedras

Témperas o acrílicos o pintura al látex

Recortes de papel, pegatinas, dibujos...

Pinceles

Cola blanca

Etiquetas

Las etiquetas tienen múltiples aplicaciones: se pueden usar en un regalo, en tu mochila, en el estuche o, simplemente, como decoración. La finalidad de una etiqueta es marcar o proporcionar información acerca de algo —como pasa, por ejemplo, con las etiquetas de la ropa— pero también pueden usarse para hacer ese algo más bonito.

La técnica que hemos usado para estas etiquetas te puede servir para muchas otras ocasiones.

Material

Cartón fino; por ejemplo,
el de una caja de cereales,
o cartulina

Esponja

Témperas, acrílicos
o pintura al látex

Tijeras

Cómo lo hemos hecho

Haciendo un hueco en una cartulina consigues una plantilla. Lo mejor es que la silueta sea muy reconocible y sencilla para que se vea lo que es y no quede como un complicado manchurrón.

Las etiquetas puedes conseguirlas recortando de la forma que te guste el cartón o cartulina y, si el color que tiene no es el que quieres, píntalas a tu gusto. Una vez secas, puedes estampar el dibujo de la plantilla pintando a través del agujero.

Para pintar con la plantilla es mejor no usar pincel porque los pelos podrían meterse por los bordes y estropear el dibujo. Es preferible hacerlo con una esponja, con pequeños toquecitos y la pintura más bien espesa. Esta técnica se llama *stencil*. En este caso, en vez de esponja hemos usado un estropajo salvauñas.

Cuando hemos acabado de usar las plantillas nos ha dado pena tirarlas, así que las hemos pintado y las hemos aprovechado también como etiquetas.

Para colgarlas puedes hacerles un agujero en un extremo y pasar un cordón o un trozo de lana.

Reciclaje textil: tela y lana

¿No se te había ocurrido que en la cesta de la costura y en el armario donde guardas la ropa vieja hay un montón de material para manualidades? Te proponemos tres variaciones con lana (misma técnica pero diferentes resultados) y una versión de los clásicos recortables con retales de tela.

Bisutería

Cuando surgió la idea de utilizar el alambre y la lana, lo primero que se nos ocurrió fue un colgante. De ir probando diferentes formas surgieron la mariposa y la libélula. Luego nos salió una pulsera que ha resultado mucho más trabajosa. Sin embargo, nos encanta el resultado, y el cierre es muy sencillo: un simple nudo.

Cómo lo hemos hecho

No uses un alambre demasiado fino porque se doblaría demasiado, ni tampoco uno muy grueso, sería demasiado difícil de trabajar. Decide primero la forma en alambre y luego enrolla la lana combinando tus colores preferidos. Para fijar la lana, pega los extremos con un poco de cinta adhesiva o con una gota de pegamento (en este caso, sujeta la lana en el extremo hasta que el pegamento esté seco).

Material

Alambre

Lana o hilo de algodón grueso

Cinta adhesiva o pegamento

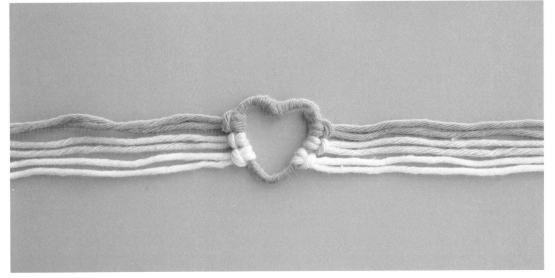

Árboles de fantasía

Teniendo unas ramitas y un hilo de algodón de colores bonitos... ¿no es una tentación empezar a enrollarlo? Y enrollando, enrollando, decidimos ponerle también hojas y este ha sido el resultado final.

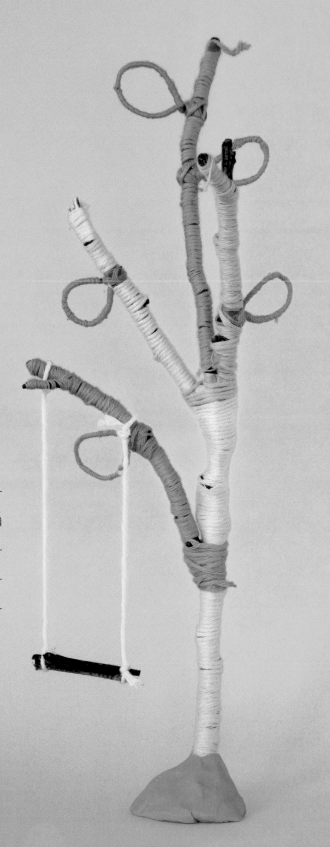

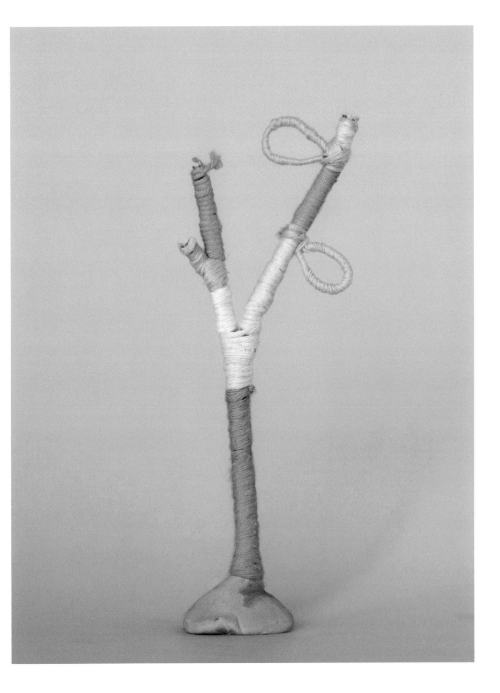

Material

Ramas

Lana o hilo de algodón
grueso

Alambre

Cinta adhesiva
o pegamento

Cómo lo hemos hecho

Las hojas están hechas con alambre. Hemos
añadido un columpio y plastilina en la base
para que los arbolitos se aguanten de pie ¿Y
tú qué añadirías? Si ya dominas el trabajo con
alambre, ¿qué tal un pajarito o una ardilla?
Para fijar los extremos pega la lana con cinta
adhesiva o una gota de pegamento.

Rótulos y dibujos

Después del éxito con la bisutería y habiendo comprobado que el alambre es muy maleable, hicimos unos dibujos; son laboriosos pero el resultado nos gusta mucho. También pensamos en escribir una palabra: es como un rótulo de neón pero de lana. Nuestra palabra es «Circus», porque nos gusta. ¿Cuál es la tuya?

Material

Alambre

Lana o hilo de algodón
grueso

Cinta adhesiva
o pegamento

Cómo lo hemos hecho

Si quieres escribir una palabra, empieza con un nombre no muy largo. La letra manuscrita se presta más a un hilo continuo que otras tipografías, pero puedes intentar lo que te parezca. Quizá pueda serte útil escribir o imprimir primero la palabra e ir trabajando el alambre con ese patrón. Fija los extremos con cinta adhesiva o con una gota de pegamento. La misma técnica sirve para un dibujo.

Muñecos «recortables»

¿Nunca has jugado con esos muñecos de papel que se recortan junto con sus accesorios y a los que luego puedes vestir con diferentes modelitos?

Os proponemos unos muñecos de ese estilo, hechos con cartón pintado y con la ropa de tela de verdad. Es fácil y rápido de hacer, y el resultado es muy bonito y divertido.

Material

Cartón no muy grueso

Pintura

Telas de diferentes tipos
y estampados

Tijeras

Pegamento de barra

Blu-tack

Cómo lo hemos hecho

El muñeco es de cartón pintado a nuestro gusto. La ropa la hemos hecho pegando la tela recortada sobre un cartón de la misma forma con pegamento de barra. La manera de hacer los disfraces puede ser infinitamente variada, así como el personaje a quien vestir. ¿Ponemos una muñeca con una foto de la cara de mamá o vestimos a nuestro gato Misha? Un pegote de blu-tack en cada prenda nos ayudará a sujetarla sin que se caiga.

Cómo lo hemos hecho

Puedes inventarte las letras y dibujarlas a tu aire, o imprimirlas en el tipo de letra que más te guste y con el tamaño adecuado. Recorta el cartón y la tela usando el mismo patrón y luego pega la tela al cartón con pegamento de barra. Puedes usar la misma tela para todas las letras o diferentes estampados para cada una. Escribe así tu nombre o cualquier palabra que te guste. Con un poco de blu-tack puedes pegarlas donde quieras.

Material

Cartón

Tela

Tijeras

Pegamento de barra

Letras

¿Te gustaría poner tu nombre en la puerta de tu habitación, con letras bien bonitas? Esta es una manera fácil y resultona de hacerlo.

Arquitectura
y paisajismo
con envases

Un montón de envases de diferentes tipos nos recordó una ciudad, así que decidimos explorar las posibilidades arquitectónicas de las cajas y los botes. Nos salieron casitas y faros, pero también paisajes e incluso coches. Podríamos haber seguido porque las posibilidades son infinitas.

Casitas y faro

A veces pasan por nuestras manos envases realmente especiales, ya sea por su forma o por su color. Este es el caso de los envases de los tejados de las casitas. Teníamos guardados muchísimos antes de saber incluso que haríamos este libro. No buscamos envases para hacer casitas; fueron los envases que ya teníamos, con sus colores tan bonitos, los que nos dieron la idea.

Material

Envases de yogur de
diferentes tipos y colores

Cartulina

Papel rojo

Tijeras

Pegamento

Cómo lo hemos hecho

Combina envases especiales de colores vivos
con envases blancos de yogur normal (sin
etiqueta). Se pueden hacer formas más nor-
males o formas divertidas. Pega las diferentes
piezas con pegamento para fijarlas.

Si no tienes envases coloridos, puedes pin-
tarlos o bien pegarles papelitos de colores.

La torre del faro está hecha con cartulina
blanca y papel rojo. Si no tienes papel rojo,
también puedes pintar las franjas.

Las banderolas están hechas con palillos y
papelitos en los que hemos estampado unos
dibujitos con un sello.

Inventa otros edificios. ¿Qué tal un castillo?

Dioramas

Un diorama es como un teatro de marionetas pero estático: dentro de un escenario se representa un fondo y sobre ese fondo, figuras planas que, por estar separadas del fondo, dan sensación de profundidad. Es ideal para representar paisajes y escenas de todo tipo.

Material

Bandejas de porexpan
del supermercado

Telas o papeles de colores

Cartón

Tijeras

Pegamento y cinta adhesiva

Cómo lo hemos hecho

Las bandejas de porexpan parecen marcos con repisa. Sus posibilidades son infinitas, pero aquí las usamos para crear un escenario con diferentes niveles de profundidad. Hemos forrado el fondo pegando tela (también se puede usar papel). Luego creamos los diferentes elementos con cartón dejando una pestaña (doblez) en la parte inferior. Si era necesario, los hemos pintado o forrado. Luego los hemos pegado por la pestaña en el borde de la bandeja, a diferentes distancias, usando pegamento o cinta adhesiva. Un truco para que los elementos se aguanten rectos y no se caigan para delante o para atrás: corta la pestaña por la mitad y pega una mitad doblada hacia delante y la otra doblada para atrás.

Te proponemos hacer paisajes con pocos elementos, son fáciles y quedan bonitos. Cuando hayas practicado un poco te puedes atrever con escenas más complejas, llenas de elementos y figuras en miniatura.

Casas

Si te apetece hacer casas más sofisticadas, con ventanas y balcones, y tejados de teja, nada mejor que las cajas de cartón. Cajas de zapatos, de galletas, de cereales...

Al igual que nadie se cansa de dibujar casitas —no en vano son los dibujos más repetidos, que levante la mano quien nunca haya dibujado una casita— tampoco te cansarás de crear casas de todo tipo. Entretenimiento garantizado.

Material

Envases de cartón

Cinta de carrocero

Tijeras

Pinturas

Cómo lo hemos hecho

Hemos unido las partes de las casas con cinta de carrocero: es ideal porque se puede pintar encima. Antes de que empecéis a pintar verás que queda el conjunto un poco feo, pero no te desanimes, a la que la pintura entra en acción dan un cambio radical.

Puedes pintarlo todo de blanco, es lo que hicimos inicialmente y quedaba muy agradable a la vista, tan limpito. Pero luego nos animamos a decorar tejados y ventanas y también nos ha gustado el resultado.

Coches

Hay muchas maneras de hacer un coche de juguete, pero los nuestros son de lo más fácil y tienen un aire entre dibujo animado y futurista. ¡Y hasta tienen techo panorámico!

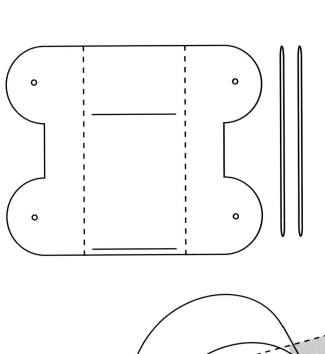

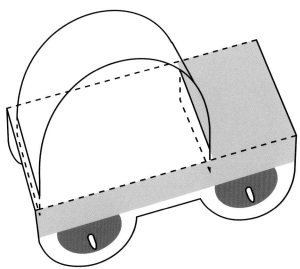

Material

Cartón

Palillos

Botellas de agua
de plástico transparente

Pintura

Tijeras

Cómo lo hemos hecho

Este coche está hecho de cartón pintado y el «techo panorámico» está hecho con un trozo de plástico de botella de agua.

Te animamos a hacer varias pruebas hasta crear tu propio modelo de coche, pero si quieres empezar por uno igual que los nuestros, este es el patrón:

Nuestro pueblo

Montar este pueblo ha sido emocionante. Cada adorno nuevo, cada arbolito, las banderolas, la estatua (que está hecha con un juguete, tapaderas y envases unidos y pintados), iba haciendo que quedase cada vez mejor. Lo más divertido era poner los ojos a la altura de las casas y ver al final de la calle el paseo de la playa. Es sorprendente cómo objetos que una vez sirvieron para un fin, se transforman en algo muy diferente, algo divertido, algo que sale de nuestras manos.

En este pueblo pueden vivir tus muñecos y circular tus coches de juguete. En vez de un pueblo, puedes hacer una gran ciudad con sus rascacielos, o una granja, o tu barrio...

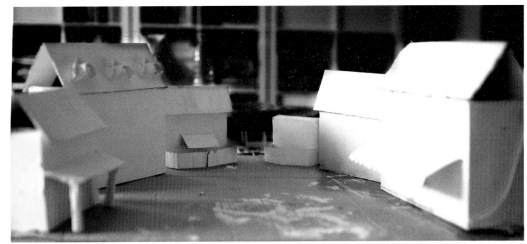